Betriebswirtschaftslehre

Eine Einführung in hierarchischen Modulen
Band 1 – Einführung –

3. Auflage

Eike Clausius

Danksagung

Der Verfasser bedankt sich an dieser Stelle bei all denjenigen, mit deren Anteilnahme und Mithilfe dieser Band entstanden ist. Besonders meine Studenten/ -innen der Einführung in die Betriebswirtschaftslehre trugen durch ihr ständiges Hinterfragen und ihre hilfreichen Anregungen zum Entstehen dieses Werkes bei.

Mein persönlicher Dank gilt meiner Frau Evelyn, die mich vor familiären und zeitlichen Blockaden bewahrt, unterstützt und mir stets Mut zugesprochen hat: Ihr widme ich diese Publikation.

Eike Clausius
Berlin/ Zwickau 2017

Betriebswirtschaftslehre

– Eine Einführung in hierarchischen Modulen –

Band 1
– Einführung –

Eike Clausius

Berlin/ Zwickau 2017

3. Auflage

Bibliografische Information der Deutschen Nationalbibliothek:
Die Deutsche Nationalbibliothek verzeichnet diese Publikation in der Deutschen Nationalbibliografie; detaillierte bibliografische Daten sind im Internet über
http://dnb.dnb.de abrufbar.

© 2017 Dr. Eike Clausius

Illustration: Dr. Clausius Consulting

Herstellung und Verlag: BoD – Books on Demand, Norderstedt

ISBN: 978-3-7460-0892-9

Inhaltsverzeichnis

Abbildungsverzeichnis

1. Einführung in die Betriebswirtschaftslehre

1.1. Einordnung der Betriebswirtschaftslehre in das System der Wissenschaften

Abbildung 1 - Einordnung der Betriebswirtschaftslehre in das System der Wissenschaften

WISSENSCHAFTEN
... IDEALWISSENSCHAFTEN
... REALWISSENSCHAFTEN
... NATURWISSENSCHAFTEN
... KULTURWISSENSCHAFTEN
... RELIGIONS-, SPRACH- UND KUNSTWISSENSCHAFT
... SOZIALWISSENSCHAFT
... SOZIOLOGIE, RECHTSWISSENSCHAFT- UND POLITIKWISSENSCHAFTEN
... WIRTSCHAFTSWISSENSCHAFTEN I.W.S
... WIRTSCHAFTSTHEORIE
... WIRTSCHAFTSPOLITIK
... WIRTSCHAFTSPHILOSOPHIE
... WIRTSCHAFTSWISSENSCHAFTEN I.E.S.
... MAKROÖKONOMIE
... MIKROÖKONOMIE
... BETRIEBSWIRTSCHAFTSLEHRE
... ALLGEMEINE BETRIEBSWIRTSCHAFTSLEHRE
... SPEZIELLE BETRIEBSWIRTSCHAFTSLEHRE

WISSENSCHAFTEN

Wissenschaften befassen sich in systematischer Weise unter Verwendung geeigneter Methoden mit einem bestimmten abgegrenzten Gegenstandsbereich, um Erkenntnisse über diesen Bereich zu gewinnen. Mit den drei Elementen – Erkenntnisobjekt, Erkenntnisziel und Methodologie – lässt sich jede Wissenschaft vollständig beschreiben und jeder Bereich innerhalb der Wissenschaften in eindeutiger Weise abgrenzen. Wissenschaften lassen sich einteilen in

- IDEALWISSENSCHAFTEN UND
- REALWISSENSCHAFTEN.

IDEALWISSENSCHAFTEN

Idealwissenschaften sind solche, die im Wege von Denkprozessen geschaffen werden bspw. Logik und Mathematik.

REALWISSENSCHAFTEN

Wissenschaften, die unabhängig von mentalen Aktivitäten in der Realität vorhanden sind, und zwar objektiv, d.h. unabhängig davon, ob sich ein Individuum intellektuell mit ihnen auseinandersetzt oder nicht, sind **Realwissenschaften**. Zu diesen zählen die

- NATURWISSENSCHAFTEN UND
- KULTURWISSENSCHAFTEN

NATURWISSENSCHAFTEN

Wissenschaften von den physischen Objekten der gesamten Natur einschließlich des Menschen, die natürliche und von menschlicher Beeinflussung unabhängig existierende, reale Sachverhalte darstellen, sind **Naturwissenschaften**.

KULTURWISSENSCHAFTEN

Die **Kulturwissenschaften** fokussieren die Wissenschaft auf psychische (seelische) und psycho-physische Objekte (seelisch-körperliche), die nur durch menschliches Zutun ersonnen, entwickelt, verändert und wieder aufgegeben werden. Sie sind im Zeitablauf veränderbar durch Zielverschiebungen und Verhaltensveränderungen der denkenden und handelnden Individuen wie bspw. bei

- RELIGIONS-, SPRACH- UND KUNSTWISSENSCHAFT UND
- SOZIALWISSENSCHAFT.

RELIGIONS-, SPRACH- UND KUNSTWISSENSCHAFT

Diese an die Existenz des Menschen gebundenen Wissenschaften haben sich über die Zeit betrachtet stets dynamisch verändert.

Die **Religionswissenschaft**, die Wissenschaft über Glaube, überirdische Kräfte oder Mächte und deren Kulthandlungen,

die **Sprachwissenschaft** als die Wissenschaft der verbalen Artikulation und deren struktureller Aufbau sowie

die **Kunstwissenschaft** als die Wissenschaft visuellen Ausdrucks in Formen, Farben und Bewegungen.

SOZIALWISSENSCHAFT

Die **Sozialwissenschaft** ist eine verhaltenswissenschaftliche Disziplin, insbesondere derjenigen, die sich einerseits mit der strukturellen Gliederung und andererseits mit bestimmten Arten von Wechselbeziehungen innerhalb gesellschaftlicher Gebilde befassen. Zu ihnen zählen Gebiete wie

- SOZIOLOGIE,
- RECHTSWISSENSCHAFT,
- POLITIKWISSENSCHAFTEN UND
- WIRTSCHAFTSWISSENSCHAFTEN I.W.S.

SOZIOLOGIE

Der Blickwinkel der Sozialwissenschaft in seiner Ausprägung der **Soziologie** beschreibt das Interagieren und Zusammenleben unterschiedlicher Ansammlungen von Menschen in Form der Sozialpsychologie, -pädagogik sowie -geschichte.

RECHTSWISSENSCHAFT

Die **Rechtswissenschaft** beschreibt als Wissenschaft die sich in permanenter Dynamik befindlichen Verhaltensnormen, die in entsprechenden Büchern kodifiziert und allgemein, jedoch als auslegungsbedürftig anerkannt sind.

POLITIKWISSENSCHAFTEN

Das Überbrücken von Interessengegensätzen innerhalb einer Gesellschaft eines Staatswesens in wissenschaftlicher Form ist Aufgabe der **Politikwissenschaft**.

WIRTSCHAFTSWISSENSCHAFTEN I.W.S.

Gegenstand der **Wirtschaftswissenschaften im weiteren Sinne (i.w.S.)** ist das Erforschen des **Wirtschaften**s, des Entscheidens über knappe Güter im Hinblick auf ihre Verwendung zur Befriedigung menschlicher Bedürfnisse. Allen wirtschaftlichen Disziplinen liegen das **Rationalprinzip** und das **ökonomische Prinzip** zugrunde. Die Wirtschaftswissenschaften i.w.S. können wirtschaftliche Sachverhalte aus gesamt- und einzelwirtschaftlicher Perspektive analysieren in Form der

- WIRTSCHAFTSTHEORIE,
- WIRTSCHAFTSPOLITIK,
- WIRTSCHAFTSPHILOSOPHIE UND
- WIRTSCHAFTSWISSENSCHAFTEN I.E.S..

WIRTSCHAFTSTHEORIE

Die **Wirtschaftstheorie** als theoretische Wirtschaftswissenschaft spürt die Faktoren auf, die bestimmte Größen oder Entwicklungen veranlasst haben (Wirkungen). Sie bemüht sich fundamentale Erkenntnisse über Zusammenhänge und Abläufe gesamtwirtschaftlicher Art aufzuzeigen, und versucht, logisch richtige Aussagen von allgemeiner Gültigkeit zu finden. Zu diesem Zweck arbeitet die Wirtschaftstheorie mit Hypothesen (wenn ..., dann ...).

WIRTSCHAFTSPOLITIK

Wirtschaftspolitik (-technologie) als politisch-orientierte Wirtschaftswissenschaft wird als das Gestalten des Wirtschaftens (Wirtschaftsprozess/-ablauf, Wirtschaftsstruktur, Wirtschaftsordnung/ Rahmenbedingungen) durch außerbetriebliche und/ oder betriebliche Instanzen (Beschlussorgane) verstanden, das die Gesamtwirtschaft bzw. den Betrieb in irgendeiner Richtung mit bestimmten Mitteln beeinflusst.

Die Wirtschaftspolitik ist die anwendungsbezogene Ausprägung der Erkenntnisse der Wirtschaftswissenschaft, wobei die Wirtschaftstheorie systematisch gesehen das Fundament der Wirtschaftpolitik ist, indem sie die theoretischen Ursachen-/ Wirkungsaussagen instrumental umsetzt und in ihr spezifisches Ziel-Mittel-System einfügt.

WIRTSCHAFTSPHILOSOPHIE

Die **Wirtschaftsphilosophie** als philosophische Wirtschaftswissenschaft analysiert die Abläufe auf ihren ethischen Gehalt und auf ihre Vereinbarkeit mit übergeordneten Grundsätzen und Normen wie bspw. Menschenrechte, Gesetze, Verordnungen sowie Ansätze der Ökologie.

WIRTSCHAFTSWISSENSCHAFTEN I.E.S.

Die **Wirtschaftswissenschaften im engeren Sinne (i.e.S.)** lassen sich charakterisieren als der Teil, der sich bezieht auf die

- MAKROÖKONOMIE,
- MIKROÖKONOMIE UND
- BETRIEBSWIRTSCHAFTSLEHRE.

MAKROÖKONOMIE

Die **Makroökonomie** geht in ihrer Betrachtung von der volkswirtschaftlichen (Gesamt-)Ebene eines Staats aus und analysiert anhand der Gesamtheit der Wirtschaftssubjekte (private Haushalte, Unternehmen, Staat, Ausland) grundlegende, gesamtwirtschaftliche Fragestellungen (Entscheidungsbereiche), die Einfluss auf Merkmale der Betriebswirtschaftslehre haben wie bspw. konjunkturelle, wachstums-, geld-, einkommens- und beschäftigungstheoretische Aspekte.

Was für die Makroökonomie Grundprobleme sind, sind für die Betriebswirtschaftslehre von außen gegebene Größen (exogenes Datum). Jede Änderung exogener Größen führt zu einem veränderten Verhalten der Wirtschaftssubjekte.

MIKROÖKONOMIE

Die **Mikroökonomie** geht in ihrer Betrachtung auf typisch ökonomische Verhaltensweisen von Wirtschaftseinheiten und das Zusammenwirken zwischen diesen (Wirtschaftseinheiten: private Haushalte, Unternehmen, Staat, Ausland) ein, unter grundlegenden, wirtschaftlichen Fragestellungen (Entscheidungsbereichen), die Einfluss auf Merkmale der Betriebswirtschaftslehre haben.

Was für die Mikroökonomie Grundprobleme sind, sind für die Betriebswirtschaftslehre von außen gegebene Größen (exogenes Datum). Jede Änderung exogener Größen führt zu einem veränderten Verhalten der Wirtschaftssubjekte.

Die **Betriebswirtschaftslehre** als Teildisziplin der Wirtschaftswissenschaften hat als Erkenntnisobjekt den Betrieb. Die Aufgabe der Betriebswirtschaftslehre ist es, das Wirtschaften, wie es sich im Betrieb vollzieht, zu beschreiben (Beschreibungsaufgabe), und zu erklären, um unter Zugrundelegung erkannter Zusammenhänge, Regelmäßigkeiten sowie Gesetzmäßigkeiten über die im Betrieb ablaufenden Prozesse (Erklärungsaufgabe) Empfehlungen für wirtschaftliches Verhalten zur bestmöglichen Verwirklichung verfolgter betrieblicher Zielsetzungen zu entwickeln (Gestaltungsaufgabe).

Was für die Betriebe insgesamt an Regelmäßigkeiten sowie Gesetzmäßigkeiten angesehen wird, stellt für den einzelnen Betrieb eine theoretische Ausgangsbasis dar. Auf diese aufbauend, wird vom Betrieb angestrebt, Das übergeordnete gesamtwirtschaftliche Bedingungsgefüge wird als möglicher Rahmen lediglich insofern berücksichtigt, als es aus der Sicht der einzelnen Wirtschaftseinheit relevant ist. Einzelwirtschaftliche Optima unterschiedlicher Betriebe müssen insofern kein gesamtwirtschaftliches Optimum zur Folge haben!

Alle Bereiche der Betriebswirtschaftslehre greifen zurück auf dieselben **betriebswirtschaftlichen Verfahrensweisen** in Form von produktions-, kosten-, entscheidungs-, verhaltens- und systemorientierten Methoden zurück. Diese differenzierten Sichtweisen gründen sich auf die historische Entwicklung der Betriebswirtschaftslehre.

Die Bereiche der Betriebswirtschaftslehre lassen sich einteilen in

- ALLGEMEINE BETRIEBSWIRTSCHAFTSLEHRE UND
- SPEZIELLE BETRIEBSWIRTSCHAFTSLEHRE.

ALLGEMEINE BETRIEBSWIRTSCHAFTSLEHRE

Die **Allgemeine Betriebswirtschaftslehre** untersucht, beschreibt und erklärt betriebliche Sachverhalte und Zusammenhänge, die für alle Betriebe gleichermaßen zutreffen.

Ziel der Allgemeinen Betriebswirtschaftslehre ist die Formulierung eines generell gültigen Aussagensystems als Grundlage für weitere spezielle betriebswirtschaftliche Betrachtungen.

Das vorliegende Werk konzentriert sich auf den allgemeinen betriebswirtschaftlichen Sachverhalt, wobei bisweilen jedoch das Verhältnis eines Industrieunternehmens zugrunde gelegt wird. Diese Betrachtungsweise der Allgemeinen Betriebswirtschaftslehre ist historisch begründet, da sie ursprünglich die Verhältnisse eines Industriebetriebs in der wirtschaftlichen Realität als typische Erscheinungsform für einen Betrieb ansetzte.

SPEZIELLE BETRIEBSWIRTSCHAFTSLEHRE

Die **Spezielle Betriebswirtschaftslehre** untersucht, beschreibt und erklärt betriebliche Sachverhalte und Zusammenhänge, die durch unterschiedliche Wirtschaftseinheiten charakterisiert sind nach funktionalen, institutionalen sowie spezifischen Gliederungsaspekten.

Ziel der Speziellen Betriebswirtschaftslehre ist die Formulierung eines detaillierten Aussagensystems für die nach unterschiedlichen Kriterien charakterisierten Wirtschaftseinheiten wie nach funktionalen (bspw. Beschaffungswirtschaft), institutionalen (bspw. Bankbetriebswirtschaftslehre) und spezifischen Aspekten (bspw. Betriebswirtschaftliche Steuerlehre).

1.2. Methoden der betriebswirtschaftlichen Erkenntnisgewinnung

Abbildung 2 - Methoden der betriebswirtschaftlichen Erkenntnisgewinnung

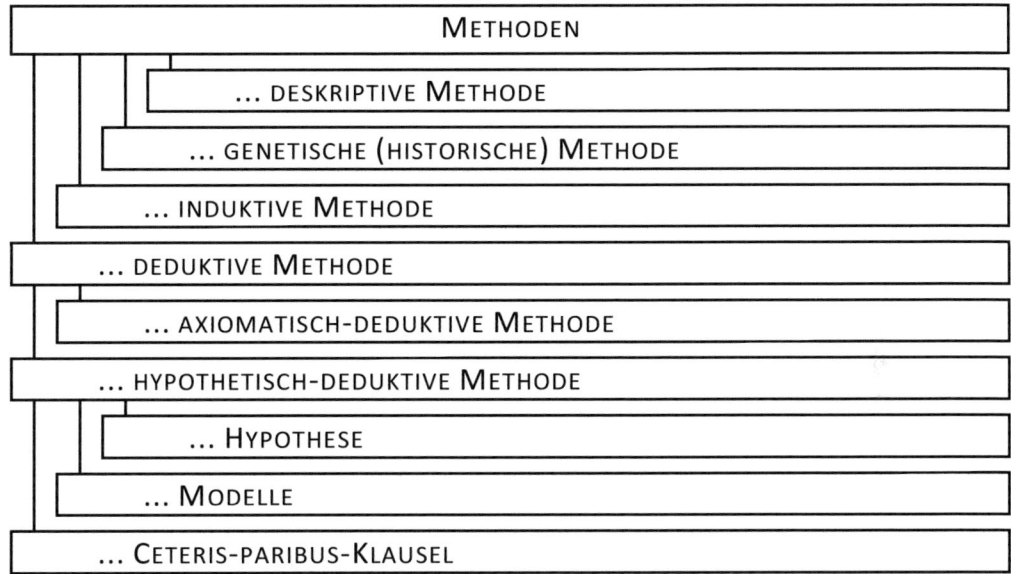

METHODEN

Neben dem Erkenntnisobjekt und dem Erkenntnisziel ist die Wissenschaft durch die Anwendung spezifischer Methoden der Erkenntnisgewinnung charakterisiert. Unter **Methode** ist das planmäßige Verfahren, insbesondere das systematische, zielorientierte Vorgehen der Wissenschaft zu verstehen. Das planmäßige Verfahren wird gefordert, um

- den Arbeitsaufwand durch Vermeidung zufälligen und planlosen Suchens zu beschränken und
- die gewonnenen Erkenntnisse intersubjektiv nachprüfbar zu gestalten, damit eine wissenschaftliche Objektivität gewährleistet werden kann.

Abgegrenzt werden die

- DESKRIPTIVE METHODE,
- GENETISCHE (HISTORISCHE) METHODE,
- INDUKTIVE METHODE UND
- DEDUKTIVE METHODE.

DESKRIPTIVE METHODE

Die **deskriptive Methode** beschreibt tatsächliche Gegebenheiten in Betrieben. Es werden Informationen über das reale Gegenstandsgebiet in der Betriebswirtschaft gesammelt, strukturiert und übersichtlich dargestellt. Sie ist bemüht, eine wirklichkeitsgetreue Abbildung des Vorhandenen vorzunehmen. Eine weitergehende Erkenntnisgewinnung findet nicht statt.

GENETISCHE (HISTORISCHE) METHODE

Durch den Einbezug des Faktors Zeit baut die **genetische Methode** auf der deskriptiven Methode auf. Sie stellt darauf ab, durch den Zeitfaktor und der Erklärung der sich daraus ergebenden Veränderungen der objektiven Realität einen gewissen Entwicklungsbezug zu erreichen. Durch die Beschränkung auf historische Entwicklungen besteht für die genetische Methode die Gefahr einer monokausalen Fehlinterpretation.

INDUKTIVE METHODE

Als Erweiterung der deskriptiven Methode führt die **induktive Methode** durch die in der Realität vorgefundenen besonderen Situation über die Abstraktion zu allgemeingültigen Erklärungen (Induktionsschluss: Schließen von besondere auf allgemeine Sätze); dies geschieht durch das Schließen von einer beobachteten Stichprobe auf die Grundgesamtheit.

DEDUKTIVE METHODE

Bei der **deduktiven Methode** wird – in Umkehrung zur induktiven Methode – von allgemeinen auf spezielle Situationen geschlossen (Deduktionsschluss: Schließen von allgemeinen auf besondere Sätze). Die deduktive Methode wird differenziert in

- AXIOMATISCH-DEDUKTIVE METHODE UND
- HYPOTHETISCH-DEDUKTIVE METHODE.

AXIOMATISCH-DEDUKTIVE METHODE

Axiome sind Sätze, die eines Beweises nicht fähig sind oder keines Beweises bedürfen wie bspw. die Vorgehensweisen der Logik oder der Mathematik. Da in der Betriebswirtschaft keine Axiome vorhanden sind, scheidet die Methode für die Betriebswirtschaftslehre aus.

HYPOTHETISCH-DEDUKTIVE METHODE

Für die Erkenntnisgewinnung in der Betriebswirtschaftslehre wird die **hypothetisch-deduktive Methode** angewendet, die als Ausgangspunkt der Deduktion eine Hypothese aufstellt, die es gilt, durch die Realität zu widerlegen (zu falsifizieren). Die Richtigkeit der Hypothese wird solange aufrechterhalten, bis sie durch die Empirie widerlegt, d.h. falsifiziert wird. Im Zeitverlauf steigt der einer Hypothese zugeschriebene Wahrheitsgehalt, wenn sie nicht falsifiziert wird, obwohl sie weiterhin falsifizierbar bleibt.

Als Elemente der hypothetisch-deduktiven Methode lassen sich nennen:

- HYPOTHESE,
- MODELLE UND
- CETERIS-PARIBUS-KLAUSEL.

HYPOTHESE

Eine **Hypothese** oder ein System von Hypothesen ist nach dem Verständnis von Platon eine Voraussetzung (Bedingung), seit Newton eine Annahme, die als Erklärung für eine beobachtete Erscheinung geeignet ist, jedoch nicht als einzig mögliche und gültige Erklärung bestätigt worden ist. Hypothesen werden meist in Form eines Modells formuliert, da die Realität einen hohen Komplexitätsgrad aufweist.

MODELLE

Modelle sind Abbilder realer Erscheinungen mit einem bestimmten Abstraktionsgrad. Sie sind in der Betriebswirtschaftslehre notwendig, da die (betriebliche) Realität so komplex ist, dass ihre vollständige Erfassung in allen Bestandteilen und Beziehungen nicht sichergestellt werden kann. Modelle in der Betriebswirtschaftslehre auf deduktiver Grundlage sind Denkmodelle, die auf bestimmten Voraussetzungen (Prämissen) beruhen. Die auf solche Modelle angewandte hypothetisch-deduktive Methode wird als Modellanalyse bezeichnet, wobei das Hauptproblem dieser modellanalytischen Vorgehensweise in der Anwendung der Ceteris-paribus-Klausel besteht.

CETERIS-PARIBUS-KLAUSEL

Die **Ceteris-paribus-Klausel** (Unter-sonst-gleichen-Bedingungen-Klausel) beschreibt die Technik, wie in einem Modell bestimmte funktionale Beziehungen zwischen ausgewählten variablen und konstanten Größen der betrieblichen Realität hergestellt werden.

Eine derartige Vorgehensweise führt zu streng logisch gewonnenen Ergebnissen, die jedoch entsprechend ihres Abstraktionsgrades nicht direkt in die Praxis umgesetzt werden können. Vielmehr verlangen die so gewonnenen betriebswirtschaftlichen Erkenntnisse vor ihrer Anwendung auf den praktischen Fall eine Überprüfung im Hinblick auf ihre Relevanz. Gerade die in einem Modell angenommenen Prämissen sind es oft, die eine praxisrelevante Umsetzung gedanklicher Modelle erschweren.

1.3. Erklärungsobjekte der Wirtschaftswissenschaften und einige wirtschaftliche Grundbegriffe

Abbildung 3 - Erklärungsobjekte der Wirtschaftswissenschaften und einige wirtschaftliche Grundbegriffe

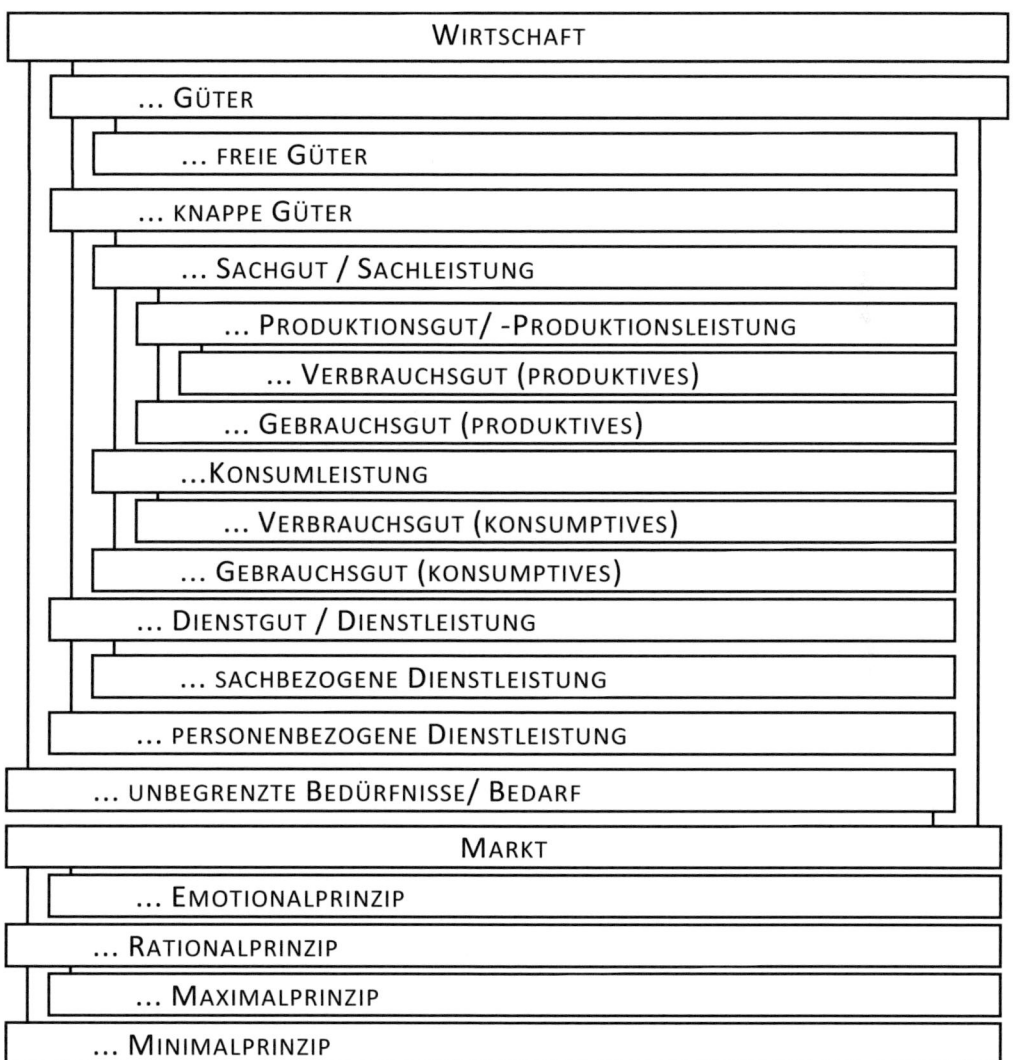

Wirtschaft

Die **Wirtschaft** ist der Ort, an dem sich das Wirtschaften vollzieht. In ihr treten zwei gegensätzliche Strömungen auf

- knappe Güter in Form von Sach- oder Dienstleistungen (`Angebot´) und
- potentiell unbegrenzte Bedürfnisse (`Nachfrage´), die auf

dem Markt zusammentreffen.

In einer Wirtschaft treffen Güter und unbegrenzte Bedürfnisse/ Bedarf auf einem Markt zusammen. Daher wird im Folgenden auf folgende Begriffe eingegangen:

- Güter,
- unbegrenzte Bedürfnisse/ Bedarf und den
- Markt.

Güter

Ein **Gut** ist jedes Mittel, das geeignet ist, einen Nutzen zu stiften, d.h. ein menschliches Bedürfnis zu befriedigen. Die Wirtschaftswissenschaften gehen davon aus, dass menschliche Bedürfnisse durch ein Angebot an Gütern befriedigt werden können. Dadurch wird bspw. die menschliche Existenz oder ein Luxusbedürfnis gesichert. Diese teilweise notwendigen Güter sind jedoch nicht unbeschränkt vorhanden, sondern werden differenziert in

- freie Güter oder
- knappe Güter.

FREIE GÜTER

Ein **freies Gut** ist ein Gut, das im Verhältnis zu den Bedürfnissen in so großer Menge vorhanden ist, dass jedes Individuum seine Bedürfnisse nach diesem Gut in beliebigem Umfang befriedigen kann. Es ist unbeschränkt verfügbar wie bspw. Sonnenlicht, Wind und Regen, Luft und Wasser sind angesichts der Umweltverschmutzung nur noch teilweise freie Güter.

KNAPPE GÜTER

Von einem **knappen Gut** (Wirtschaftsgut, wirtschaftliches Gut) wird gesprochen, wenn das Gut im Verhältnis zu den Bedürfnissen eingeschränkt ist und bewirtschaftet werden muss, d.h. die Befriedigung der Bedürfnisse ist auf diesen Gebieten eingeschränkt (beschränkte Verfügbarkeit). Wird ein Gut einem Veränderungsprozess unterworfen, dann wir dieses Gut zu einer **Leistung**.

Abbildung 4 - Veränderungsprozess von Gütern

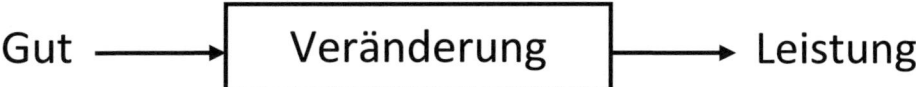

Ein knappes Gut kann sowohl sein ein/e

- SACHGUT/ SACHLEISTUNG UND AUCH EIN/E
- DIENSTGUT / DIENSTLEISTUNG .

SACHGUT / SACHLEISTUNG

Ein **Sachgut** ist ein dingliches Objekt (`Sachgegenstand´), das für die Leistungserstellung und/ oder -verwertung dem Unternehmen zugeführt wird.

Wird an Sachgütern eine betriebliche Wertveränderung vollzogen, wird dies als Sachleistung verstanden.

Eine **Sachleistung** ist eine Wertveränderung, die an Sachgegenständen erbracht wird. Bei dem Gut Sachleistung ist die Leistungserstellung und -verwertung zeitlich auseinander fallend. Sachleistungen sind übertragbar, lagerfähig und transportierbar. Eine Sachleistung lässt sich differenzieren in

- PRODUKTIONSGUT/ -LEISTUNG,
- KONSUMLEISTUNG UND
- DIENSTGUT / DIENSTLEISTUNG .

PRODUKTIONSGUT/ -LEISTUNG

Ein **Produktionsgut** ist ein Objekt, das zur Leistungserstellung dem Unternehmen zugeführt wird. Durch eine Wertveränderung wird es zur **Produktionsleistung** des Unternehmens, die nur mittelbar der Bedürfnisbefriedigung bzw. ausschließlich zur Erstellung anderer Güter dient. Dabei kann dieses Gut in den Leistungserstellungsprozess desselben Unternehmens oder eines anderen Unternehmens einfließen als

- VERBRAUCHSGUT (PRODUKTIVES) UND
- GEBRAUCHSGUT (PRODUKTIVES).

VERBRAUCHSGUT (PRODUKTIVES)

Ein **Verbrauchsgut** ist ein Gut, das (abgesehen von Rest- und Abfallstoffen) im Kombinationsprozess der Leistungserstellung in andere Güter eingeht bzw. qualitativ in andere Substanzen übergeht wie bspw. im Rahmen von chemischen Umwandlungsprozessen; es wird im Leistungserstellungsprozess verwendet. Aufgrund seines immer wiederkehrenden Untergangs im Erstellungsprozess wird auch von einem Repetier- bzw. Verbrauchsfaktor gesprochen.

GEBRAUCHSGUT (PRODUKTIVES)

Ein **Gebrauchsgut** ist ein Gut, das in technologischen und arbeitswissenschaftlich bestimmten Zusammenstellungen mit anderen Gütern und/ oder Arbeitskräften den Kombinationsprozess der Leistungserstellung bewirkt. Diese Güter, die sich im Bestand des Unternehmens befinden, werden als Bestandsfaktoren oder Betriebsmittel-Potentialfaktoren bezeichnet. Ein Gebrauchsgut geht im Gegensatz zum Verbrauchsgut bei seiner Leistungsabgabe nicht unter, sondern kann mehrfach im Kombinationsprozess eingesetzt werden; es wird im Leistungserstellungsprozess gebraucht.

Zu den Potentialfaktoren eines Industriebetriebs zählen die ausführende menschliche Arbeit sowie die Betriebsmittelpotentialfaktoren.

KONSUMLEISTUNG

Eine Konsumleistung ist ein Gut, das durch eine Wertveränderung bei der betrieblichen Leistungserstellung erzeugt wird. Sie steht unmittelbar der menschlichen Bedürfnisbefriedigung zur Verfügung, wobei die Konsumleistung in Bezug auf den Konsumenten unterschieden wird, ob es dem Konsumenten dient als

- VERBRAUCHSGUT (KONSUMPTIVES) UND
- GEBRAUCHSGUT (KONSUMPTIVES)

VERBRAUCHSGUT (KONSUMPTIVES)

Ein **konsumptives Verbrauchsgut** ist ein (Konsum-)Gut, das durch den Konsumakt vernichtet wird bspw. Lebensmittel.

GEBRAUCHSGUT (KONSUMPTIVES)

Ein **konsumptives Gebrauchsgut** ist ein dauerhaftes (Konsum-)Gut, das nach dem Erwerb nicht konsumiert (einmalig gebraucht), sondern dem mehrmaligen Gebrauch dient bspw. ein Automobil.

Dienstgut / Dienstleistung

Dienstgüter sind externe Serviceleistungen, die für die Leistungserstellung und -verwertung im Unternehmen eingesetzt werden. Erstellt das Unternehmen Dienstgüter, so stellen Wertveränderung an Sach- oder Dienstgütern seine Leistungen dar.

Eine **Dienstleistung** ist eine Tätigkeit, die (un-)mittelbar am Menschen vollzogen wird. Bei dem Gut Dienstleistung fallen Leistungserstellung und -verbrauch zeitlich zusammen. Eine Dienstleistung ist nicht übertragbar, nicht lagerfähig und nicht transportierbar. Sie kann anhand des Objekts, an dem die Dienstleistung vorgenommen wird, unterschieden werden in eine

- SACHBEZOGENE DIENSTLEISTUNG UND
- PERSONENBEZOGENE DIENSTLEISTUNG.

Sachbezogene Dienstleistung

Von einer **sachbezogenen Dienstleistung** wird gesprochen, wenn die am Menschen zu erbringende Leistung in Form eines Sachgutes erbracht wird, bspw. Versicherungen, Kredite oder Vermietung.

Personenbezogene Dienstleistung

Von einer **personenbezogenen Dienstleistung** wird gesprochen, wenn die am Menschen zu erbringende Leistung von der Präsenz eines anderen Menschen abhängig ist und erbracht wird wie bspw. Krankenpflege, Beratung oder Unterricht.

Unbegrenzte Bedürfnisse eines Individuums resultieren aus dem Gefühl des Mangels an Gütern, mit dem Bestreben, diesen Mangel durch (Wirtschafts-) Güter zu beseitigen. Da Bedürfnisse den Charakter von Wünschen haben, wird davon ausgegangen, dass diese unbegrenzt sind. Die Bedürfnisse lassen sich hierarchisch in Form einer Pyramide darstellen (Bedürfnishierarchie von Maslow).

Maslow (1908-1970) ordnete die vielfältigen und oft unterschiedlichen menschlichen Motive in eine grundlegende Bedürfnisskala ein, die hierarchisch in fünf Motivklassen strukturiert wurde.

- Theoretisch basiert die menschliche Motivation auf physiologischen Motiven wie Nahrungsaufnahme und Schlaf,
- gefolgt vom Bedürfnis nach Sicherheit in den Ausprägungsformen Struktur, Ordnung, Gesetze sowie Grenzen.
- Als nächsthöhere Motive sind soziale zu nennen, wie (Gruppen-)Zugehörigkeitsbedürfnis und persönlicher Kontakt.
- Nach Sicherstellung dieser Motive treten Wertschätzungsbedürfnisse in Form von Selbstwertschätzung (Streben nach Achtung, Kompetenz) und Fremdwertschätzung (Anerkennung, Prestige) auf.
- Die oberste Motivklasse bildet das Bedürfnis nach Selbstverwirklichung in Form der Realisation und Weiterentwicklung individueller Kenntnisse und Fähigkeiten mit dem Ziel, das zu werden, was man zu werden fähig ist.

Abbildung 5 - Maslow-(Bedürfnis-)Pyramide

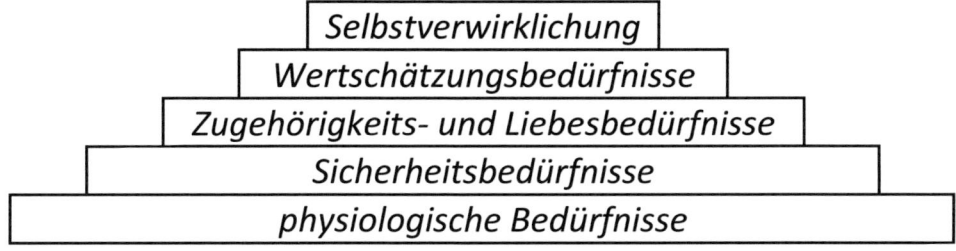

21

Aus Bedürfnissen konkretisiert sich ein **Bedarf**. Ein **Bedarf** ist ein konkretes Bedürfnis, zu dessen Befriedigung verfügbare (Kauf-)Kraft bspw. Geld eingesetzt werden kann. Aufgrund des Bedarfs besteht eine (Kaufkraft-)**Nachfrage**, die sich auf Güter zur Befriedigung des Bedarfs richten. Die Güternachfrage vollzieht sich auf einem Markt.

MARKT

Ein **Markt** ist der Ort des Zusammentreffens von Angebot und Nachfrage. Das Marktgeschehen umfasst alle ökonomischen Beziehungen zwischen sämtlichen Anbietern und Nachfragern nach einem bestimmten Gut, in einem bestimmten Raum sowie zu einer bestimmten Zeit.

Das **Angebot** bedeutet das Streben der Wirtschaftssubjekte ein Kaufinteresse der Nachfrager zu befriedigen durch die Hingabe eines Tauschgegenstands (Güter, Arbeitskraft); das Kaufinteresse wird am Markt sichtbar.

Abbildung 6 - Bedürfnisse, Güter und Markt

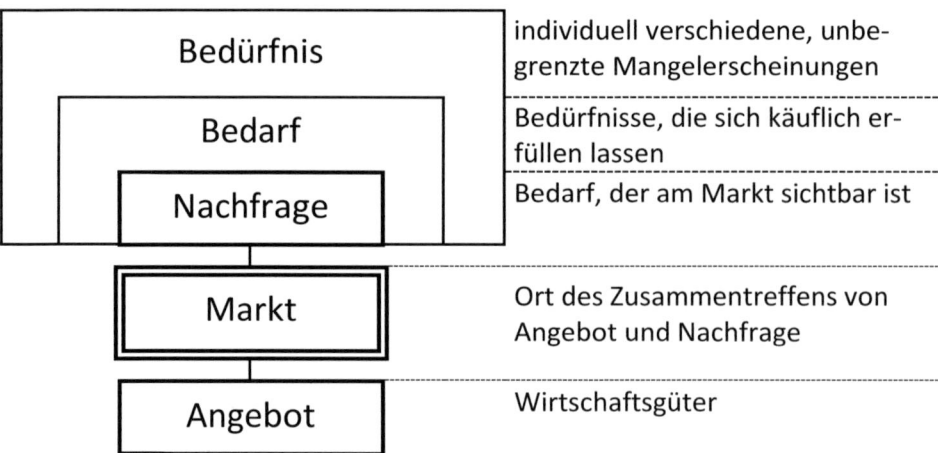

Die **Nachfrage** bedeutet das Streben der Wirtschaftssubjekte einen Bedarf zu konkretisieren durch Hingabe eines Tauschgegenstands (Geld, Arbeitskraft); der Bedarf wird am Markt sichtbar.

Den Zusammenhang von Bedürfnissen, **Bedarf**, Nachfrage und Angebot am Markt veranschaulicht die vorstehende Abbildung.

Aufgrund der unbegrenzte Bedürfnisse, einerseits in ihrer Ausprägung als Nachfrage und den knappe Gütern in Form von Sach- oder Dienstleistungen andererseits in ihrer Ausprägung als Angebot, existiert ein Spannungsverhältnis bzw. ein Zwang zum Wirtschaften innerhalb der Wirtschaft, das seinen Ausdruck im Zielkonflikt zwischen Leistungsangebot und Leistungsnachfrage findet. Aus diesen Spannungsverhältnissen zwischen subjektiv notwendiger Bedürfnisbefriedigung und der Knappheit eines großen Teils der Güter ergibt sich das Erkenntnisobjekt der Wirtschaftswissenschaften als Problem des Wirtschaftens.

Das **Wirtschaften** sei hier definiert als das Entscheiden über knappe Güter in Form von Sach- und/ oder Dienstleistungen im Hinblick auf ihre Verwendung zur subjektiv optimalen Befriedigung menschlicher Bedürfnisse. Diese Verwendung muss nach bestimmten Wirtschaftlichkeits- bzw. Vernunftsprinzipien erfolgen, wobei die Wirtschaftlichkeit der Güterverwendung möglichst hoch sein soll.

Das **ökonomische Prinzip** – als Grundsystematik des Wirtschaftens – beschreibt das Wirtschaften als rationales Verhalten im Gegensatz zum Emotionalprinzip. So wird unterschieden in

- EMOTIONALPRINZIP UND
- RATIONALPRINZIP.

EMOTIONALPRINZIP

Das **Emotionalprinzip** ist die auf Gefühlen und zeitlich schwankenden, persönlichen Präferenzen basierende Form des menschlichen Handelns. Auf dieses Gebiet wird aufgrund seiner Affinität zur Psychologie nicht eingegangen.

RATIONALPRINZIP

Das **Rationalprinzip** ist die bewusste und zielorientierte Form des menschlichen Handelns bei einer Auswahl von Handlungsalternativen in den Ausprägungen als

- MAXIMALPRINZIP ODER
- MINIMALPRINZIP.

MAXIMALPRINZIP

Unter dem **Maximalprinzip** (Ergiebigkeitsprinzip) wird das wirtschaftliche Vorgehen verstanden, mit einem gegebenen Input soll ein maximaler Output erreicht werden. *Merksatz:* fixierter Input – maximaler Output.

MINIMALPRINZIP

Unter dem **Minimalprinzip** (Sparsamkeitsprinzip) wird das wirtschaftliche Vorgehen verstanden bei dem ein gegebener Output mit einem minimalen Input erreicht werden soll. *Merksatz:* minimaler Input – fixierter Output.

1.4. Märkte

Abbildung 7 - Einteilungsmöglichkeiten von Märkten

MARKT

... QUANTITATIVE GESICHTSPUNKTE

... QUALITATIVE GESICHTSPUNKTE

... VOLLKOMMENE MÄRKTE

... UNVOLLKOMMENE MÄRKTE

MARKT

Ein Markt ist als der Ort des Zusammentreffens von Angebot und Nachfrage beschrieben worden. Märkte werden eingeteilt nach

- der Art der gehandelten Güter in bspw. Arbeits-, Geld-, Kapital-, Devisen-, Dienstleistungs- und Konsumgütermärkte und
- der Art der räumlichen Abgrenzung in Regional-, Inlands- und Auslandsmärkte.

Darüber hinaus werden Märkte unterschieden nach unterschiedlichen Marktformen. **Marktformen** zeigen die Struktur von Angebot und Nachfrage auf.

Entsprechend der Form des Marktes können diese differenziert werden nach

- QUANTITATIVE GESICHTSPUNKTE UND
- QUALITATIVE GESICHTSPUNKTE.

QUANTITATIVE GESICHTSPUNKTE

Ein Kriterium, um **Marktformen** zu beschreiben, ist es, die Anzahl der Anbieter und Nachfrager zu unterscheiden. Je nach der mengenmäßigen Zusammensetzung der Anbieter- und Nachfragerseite können unterschiedliche Marktformen auftreten.

Abbildung 8 - Marktformen differenziert nach quantitativen Gesichtspunkten (Zahl der Marktteilnehmer)

Nachfrager	Anzahl der Anbieter		
	viele	wenige	einer
viele	(Angebots-) **Polypol** (Nachfrage-) Polypson	(Angebots-) **Oligopol**	(Angebots-) **Monopol**
wenige	Nachfrage-oligopol (Oligopson)	bilaterales Oligopol	beschränktes (Angebots-) Monopol
einer	Nachfrage-monopol (Monopson)	beschränktes Nachfragemono-pol (beschränktes Monopson)	bilaterales Monopol

Um grob zu beschreiben, ob zwischen den Anbietern in einem Markt ein Wettbewerb untereinander vorliegt oder nicht, und wenn ein Wettbewerb herrscht, welcher Ausprägung dieser ist, werden üblicherweise Angebotsmärkte unterschieden in:

- Monopol-, Polypol- und Oligopolmärkte.

Analog werden Nachfragemärkte unterschieden in:

- Monopson-, Polypson- und Oligopsonmärkte.

Wettbewerbliches Verhalten kann in unterschiedlichen Formen vorliegen. Von **monopolistischem Verhalten** wird gesprochen, wenn am Markt keine weiteren Anbieter [(Angebots-)Monopol] oder keine weiteren Nachfrager [Nachfragemonopol (Monopson)] vorliegen.

Ein **polypolistisches Verhalten** liegt vor, wenn viele Anbieter [(Angebots-)Polypol] vielen Nachfragern [(Nachfrage-)Polypson] gegenüberstehen, d.h. sowohl einzelne Anbieter (Polypol) als auch Nachfrager (Polypson) haben keinen Einfluss auf sich am Markt ergebende Preise.

Als **oligopolistisches Verhalten** wird eine Marktform bezeichnet, wenn wenige Anbieter [(Angebots-)Oligopol] und wenige Nachfrager [Nachfrageoligopol (Oligopson)] am Markt auftreten, somit ein bilaterales (zweiseitiges) Oligopol vorliegt.

QUALITATIVE GESICHTSPUNKTE

Werden Märkte bezüglich ihrer Güte, d.h. ihrer (Un-)Vollkommenheit unterschieden, so lassen sich zwei Ausprägungen nennen:

- VOLLKOMMENE MÄRKTE UND
- UNVOLLKOMMENE MÄRKTE.

VOLLKOMMENE MÄRKTE

Vollkommene Märkte stellen die fiktive, idealtypische Ausprägung eines Marktes dar, die folgenden Bedingungsrahmen aufweisen:

- Nutzenmaximierung der Nachfrager,
- Gewinnmaximierung der Anbieter,
- keine persönlichen, zeitlichen und räumlichen Präferenzen,
- vollkommene Markttransparenz sowie
- unendlich schnelle Reaktion der Marktteilnehmer auf dem Markt.

UNVOLLKOMMENE MÄRKTE

Unvollkommene Märkte liegen dann vor, wenn eines der Kriterien des Bedingungsrahmens vollkommener Märkte verletzt ist.

1.5. Wirtschaftssysteme

WIRTSCHAFTSSYSTEM

Ein **System** ist eine Menge von Elementen, die miteinander in Beziehung stehen. Ein **Wirtschaftssystem** ist eine Menge von wirtschaftlich orientierten Elementen, die miteinander in Beziehung stehen und die durch das Lenken des Wirtschaftens charakterisiert sind.

Die Aufgabe eines Wirtschaftssystems ist die Sicherstellung einer möglichst guten (optimalen) und bedarfsgerechten Versorgung der Bevölkerung mit Gütern in Form von Sach- und/ oder Dienstleistungen. Um diese Aufgabe zu erfüllen, muss grundsätzlich in einer Wirtschaft geklärt werden, wie die ökonomischen Prozesse der Leistungserstellung und der -verteilung von Gütern in Form von Sach- und/ oder Dienstleistungen zu gestalten sind.

Ein Wirtschaftssystem muss die Fragen beantworten: WER soll bestimmen, WAS und WIE erstellt wird, WO und WIE die Verteilung der erstellten Güter erfolgen soll?

Ein Wirtschaftssystem ist dadurch klassifizierbar, ob die Planung des Wirtschaftsgeschehens

- dezentral von den einzelnen privaten und öffentlichen Haushalten (Marktwirtschaft) oder
- zentral (Zentralverwaltungswirtschaft) durchgeführt wird.

Die Wahl des Wirtschaftssystems steht in einem engen Zusammenhang zu dem jeweiligen politischen System (Wirtschaftsordnung). Eine **Wirtschaftsordnung** ermöglicht die Ausgestaltung des Bedingungsrahmens des Wirtschaftens innerhalb einer Rechts- und Sozialordnung.

Im Folgenden wird anhand ausgewählter Kriterien gegenübergestellt das

- SYSTEM DER ZENTRALVERWALTUNGSWIRTSCHAFT UND
- SYSTEM DER `FREIE´ MARKTWIRTSCHAFT.

Abbildung 9 - Unterscheidungselemente von Wirtschaftssystemen – 1 –

Zentralverwaltungswirtschaft	`freie´ Marktwirtschaft

Beschreibung des idealtypischen Modells

Das Modell der Zentralverwaltungswirtschaft setzt auf die Entscheidung und Lenkung der Wirtschaft durch ein zentrales Organ.	Das Modell der `freien Marktwirtschaft´ beruht auf der Steuerung der Wirtschafts- und Leistungserstellungsprozesse durch den Markt.

Planungsordnung lässt sich beschreiben als

zentral.	dezentral.

Koordination der Wirtschaftseinheiten erfolgt in Verbindung mit einer Unterordnung der Wirtschaftseinheiten unter den Staat, dies bedeutet eine

Einzelplanwirtschaft mit staatlicher Steuerung durch Gebote (Produktions-Soll-Vorgaben).	Mehrplanwirtschaft mit Wettbewerbssteuerung, begrenzt durch Verbote staatlicher Ordnungsrahmen.

Wirtschaftliche Aktivität korrespondiert mit dem politischen System (Wirtschaftsordnung) in Form des

Sozialismus und findet ihren Ausdruck in einer Diktatur	Kapitalismus und findet ihren Ausdruck in einer Demokratie.

Staatliche Aktivitäten bestehen durch einen

Zentralstaat, der • die Leistungserstellung und -verwertung plant, • die wirtschaftlichen Entscheidungsräume nur im Rahmen von Planvorgaben zulässt, • die Individualinteressen unterdrückt, • kein Privateigentum an Produktionsmitteln zulässt.	Staat, der • sich selbst den freien Spielregeln des Marktes unterwirft und • die Wirtschaft dem freien Spiel der Kräfte überlässt.

Motivation zum Wirtschaften gegeben durch

Planerfüllung.	Gewinnmaximierung oder Nutzenmaximierung.

Zentralverwaltungswirtschaft	`freie´ Marktwirtschaft

Lenkungsmechanismus wird gewährleistet durch

Überwachung, Anordnung und Preisfestsetzung.	die Bildung der Preise am Markt (Marktpreisbildung).

Weitere Merkmale bestehen bezüglich der Entscheidungsfreiheit durch eine

eingeschränkte Entscheidungsfreiheit der Anbieter und Nachfrager, d.h. die Betriebsmittel sind Eigentum des Staats bzw. Kollektiveigentum.	vollständige Entscheidungsfreiheit der Anbieter und Nachfrager auf dem Markt, d.h. dem Recht auf Privateigentum an Betriebsmitteln. Es besteht eine uneingeschränkte Verfügungsmacht der(s) Eigentümer(s) über die Betriebsmittel.

Probleme der idealtypischen Systeme bestehen dadurch, dass

• die Unternehmen die ausführenden Organe der zentralen Wirtschaftsführung sind, • die Erreichung der ökonomischen Wirtschaftlichkeit unter vorgegebenen Plänen singulär zur Zielerreichung unter dem Aspekt des Minimalprinzips führt, d.h. die Wirtschaftlichkeit wird der Planerreichung untergeordnet, • staatlich fixierte Preisvorgaben nicht die Knappheit der Güter widerspiegeln.	• durch Ausnutzung von Vertragsfreiheiten die Wettbewerbsfreiheit zerstört werden kann, • starke Monopolisierungstendenzen durch die Vertragsfreiheit entstehen, • durch die starke Stellung der Unternehmen im System der Arbeitnehmer benachteiligt sein kann.

Abbildung 10 - Unterscheidungselemente von Wirtschaftssystemen – 2 –

2. Betrieb als Erkenntnisobjekt der Betriebswirtschaftslehre

Siehe Betriebswirtschaftslehre – eine Einführung in hierarchischen Modulen – Band 2.

3. Konstitutionaler Rahmen von Betrieben

Siehe Betriebswirtschaftslehre – eine Einführung in hierarchischen Modulen – Band 3.

4. Konstitutionaler Rahmen: privatrechtliche Rechtsformen von Betrieben

Siehe Betriebswirtschaftslehre – eine Einführung in hierarchischen Modulen – Band 4.

5. Konstitutionaler Rahmen: Unternehmenswendepunkte

Siehe Betriebswirtschaftslehre – eine Einführung in hierarchischen Modulen – Band 5.

6. Institutionaler Rahmen von Betrieben

Siehe Betriebswirtschaftslehre – eine Einführung in hierarchischen Modulen – Band 6.

Sachwortregister

Nutzung des Sachwortregisters:

Den Begriffsinhalt zum Sachwort finden Sie, in dem Sie der Seitenzahl oder dem (blauen) Pfeil folgen.
Das Modul, in dem das Sachwort steht, finden Sie in der Kapitelangabe.

sachbezogene Dienstleistung -> 20-> 1.3

Sachgut -> 17 -> 1.3

Sachleistung -> 18 -> 1.3

Selbstverwirklichung -> Maslow-(Bedürfnis-)Pyramide -> 21 -> 1.3

Sicherheitsbedürfnisse -> 21 -> 1.3

Sozialwissenschaft -> 5 -> 1.1

Soziologie -> 6 -> 1.1

Sprachwissenschaft -> 5 -> 1.1

TU

unbegrenzte Bedürfnisse -> 21-> 1.3

unbegrenzte Bedürfnisse/ Bedarf -> 21-> 1.3

Unterscheidungselemente von Wirtschaftssystemen -> Abbildung 9 - Unterscheidungselemente von Wirtschaftssystemen – 1 —> 29 -> 1.5

Unter-sonst-gleichen-Bedingungen-Klausel -> Ceteris-paribus-Klausel -> 14 -> 1.2

unvollkommene Märkte -> 27 -> 1.4

V

Verbrauchsgut, konsumptives -> Verbrauchsgut (konsumptives) -> 19 -> 1.3

Verbrauchsgut, produktives -> Verbrauchsgut (produktives) -> 18 -> 1.3

Verhalten, monopolistisches -> monopolistisches Verhalten -> Monopol -> 26 -> 1.4

Verhalten, oligopolistisches -> oligopolistisches Verhalten ->Oligopol -> 26 -> 1.4

Verhalten, polypolistisches -> polypolistisches Verhalten -> Polypol -> 26 -> 1.4

vollkommene Märkte -> 27 -> 1.4

W

Wertschätzungsbedürfnisse -> 21 -> 1.3

Wirtschaft -> 16 -> 1.3

Wirtschaften -> 23 -> 1.3

Wirtschaftsordnung -> 28 -> 1.5

Wirtschaftsphilosophie -> 7 -> 1.1

Wirtschaftspolitik -> 7 -> 1.1

Wirtschaftssystem -> 28 -> 1.5

Wirtschaftssysteme, Unterscheidungselemente von -> Abbildung 9 - Unterscheidungselemente von Wirtschaftssystemen – 1 —> 29 -> 1.5

Wirtschaftstechnologie -> Wirtschaftspolitik -> 7 -> 1.1

Wirtschaftstheorie -> 7 -> 1.1

Wirtschaftswissenschaften i.e.S. -> 8 -> 1.1

Wirtschaftswissenschaften i.w.S -> 6 -> 1.1

Wissenschaften -> 4 -> 1.1

XYZ

Zentralverwaltungswirtschaft -> 29 -> 1.5

Zugehörigkeits- und Liebesbedürfnisse -> Maslow-(Bedürfnis-)Pyramide -> 21 -> 1.3

Literaturliste

Literatur zu Band 1

Clausius, E. (1993.). *Controlling in der Forschung und Entwicklung.* Frankfurt am Main: Peter Lang Verlag.

Hoitsch, H.-J. (ab 2. Aufl., 1993.). *Produktionswirtschaft: Grundlagen einer industriellen Be¬triebs¬wirt¬schafts¬leh¬re.* München: Vahlen.

Maslow, A. H. (1977). *Motivation and Personality, New York 1954; deutsche Übersetzung: Motivation und Persönlichkeit.* Olten.

Peters, S. (ab 12. Aufl., 2004). *Betriebswirtschaftslehre.* München: Oldenbourg Verlag.

Raffée, H. (ab 5. Aufl., 2005,). Gegenstand, Methoden und Konzepte der Betriebswirtschaftslehre. In H. Raffée, *Vahlens Kompendium der Betriebswirtschaftslehre* (S. S. 1ff.). München: Verlag Franz Vahlen.

Schierenbeck, H. (ab 17. Aufl., 2008). *Grundzüge der Be¬triebs¬wirt¬schafts¬leh¬re,.* Mün¬chen, Wien: Olden-bourg Verlag.

Selchert, F. W. (ab 4. Aufl., 2003). *Einführung in die Betriebswirtschaftslehre.* München: Oldenbourg Verlag.

Wöhe, G. (ab 25. Aufl., 2013). *Einführung in die allgemeine Betriebswirtschaftslehre.* München: Franz Vahlen Verlag.

Über den Autor

Dr. Eike Clausius (www.eikeclausius.de) studierte Wirtschaft und Chemie in Berlin, Niederlanden, (ehem.) Tschechoslowakei sowie den USA und schloss sein Studium als Wirtschaftsingenieur an der TU Berlin mit dem Dipl.-Ingenieur/ TU 1983 ab.

Nach mehrjähriger Tätigkeit in der Industrie promovierte er 1992 zum Dr. rer. oec. an der TU Berlin. 1994 erhielt er einen Ruf zum Professor auf den Lehrstuhl für Allgemeine Betriebswirtschaftslehre an die Westsächsischen Hochschule Zwickau in Zwickau/ Sachsen. Er erweiterte seine Kenntnisse um den Forschungs- und Spezialschwerpunkt: Unternehmensführung mit emotionaler Kompetenz, insbesondere die **EIKE-Methode** – **E**motional-**I**ntelligence-as-**K**ey-**E**lement.

Er ist Bestseller-Autor mehrerer wissenschaftlicher Bücher, Healthy-Living- und Mental-Coach sowie Persönlichkeits-Trainer. In unterschiedlichen Unternehmen ist er als Coach sowie All-umfassender Trainer tätig.

Mit seiner Familie lebt er in Berlin.

Kontakt zum Autor für Seminarinteressierte, Unterstützer seiner Forschungsgebiete und Sponsoren:

Homepage: www.eikeclausius.de; www.EIKE-Methode.de

www.das-zweite.gehalt.de; www.the-second-income.de; www.la-segunda-fuente.de

Email: ecl@eikeclausius.de